EX LIBRIS
EUGENE LE SENNE

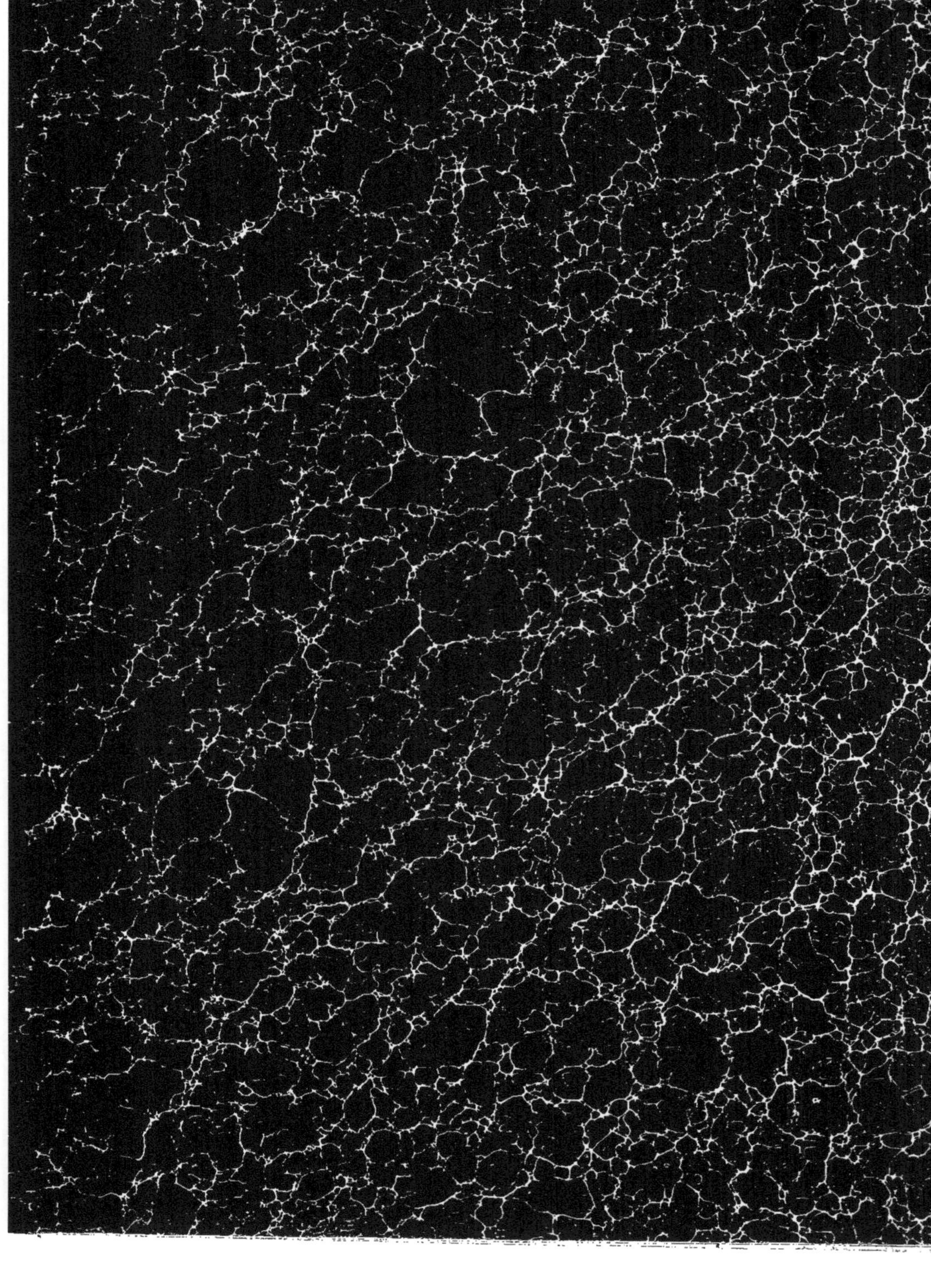

VAINQUEURS DE LA BASTILLE. Réunion de 7 pièces publiées de 1791 à ... 1 vol. in-4, demi-rel. mar. rouge, non rogné (*Belz-Niédrée*). 60 fr.

Fête civique sur les ruines de la Bastille, le 14 juillet 1791, 18 pages. — *Lettre* du citoyen Palloy, 1 page. — *Modèle d'état de l'atelier d'ouvriers du citoyen Palloy, grand tableau. — Loi relative aux vainqueurs de la Bastille*, donnée à Paris le 19 janvier 1791, 2 pages. — *Loi relative à l'établissement d'un monument sur la place de la Bastille*, donnée le 27 juin 1792, 3 pages. — *Décret de la Convention nationale qui ordonne de briser les monumens contenus dans le coffre de bois de fer déposé et enfermé dans une des pierres fondamentales de la colonne de la liberté*, 3 pages. — *Détail intéressant et jusqu'à présent ignoré, sur la prise de la Bastille, et la suite des révolutions*, 32 pages. — Exemplaire de Raspail.

Vainqueurs de la Bastille

FÊTE CIVIQUE

SUR

LES RUINES DE LA BASTILLE,

Le 14 Juillet 1791, l'an troisieme de la Liberté.

(1)

FÊTE CIVIQUE

Sur les Ruines de la Bastille, le 14 Juillet, l'an troisieme de la Liberté.

AVERTISSEMENT.

LA Société Fraternelle des Patriotes de l'un & l'autre sexe, séante aux Minimes, place Royale, desirant solemniser l'époque de l'anniversaire de la conquête de la liberté Françoise, avoit arrêté dans sa séance du 10 juillet, de se réunir le jeudi 14, sur les ruines de la Bastille, pour y renouveler le serment de vivre libre ou mourir. Elle avoit de plus arrêté d'inviter toutes les Sociétés Patriotiques et tous les citoyens et citoyennes amis de la liberté, à assister à cette Fête civique. Toujours empressée de témoigner sa soumission aux loix et aux autorités constitutionnelles, la Société avoit prévenu la Municipalité de sa réunion et de son objet; mais le Président reçut le 13 juillet une lettre du Maire de Paris, qui lui annonçoit que cette réunion ne pourroit pas avoir lieu le lendemain, parce que l'emplacement de la Bastille étoit le lieu fixé pour le rendez-vous

A

des différens Corps qui devoient de là se rendre au Champ de la Fédération. Le Président ayant eu occasion de voir le même jour M. Bailly, il lui fit observer que la Fédération ayant lieu le matin, & la cérémonie proposée par la Société étant fixée à six heures du soir, ces deux objets pouvoient se concilier. Les réponses de M. Bailly démontrèrent au Président que la réunion n'étoit pas du goût du Corps Municipal. Les Sociétés Patriotiques furent prévenues que la Fête n'auroit pas lieu ; on fit supprimer des affiches qui devoient être apposées dans le jour et par lesquelles on invitoit tous les bons citoyens à se rendre au lieu indiqué pour le rendez-vous. Néanmoins, la Société des Minimes étant réunie, témoigna le desir de se rendre en corps à la Bastille ; cette résolution fut mise sur le champ à exécution : des danses civiques et des grouppes nombreux remplissoient le terrein qu'occupoit ci-devant cette forteresse. Un orchestre étoit placé sur un monceau de pierres provenant des démolitions ; les musiciens qui le garnissoient voulurent bien céder leurs places au Président et à un des Secrétaires de la Société, qui prononcèrent les discours suivans (a).

(a) Le patriote Palloy, malgré la répugnance qu'avoit le Corps Municipal de donner une fête, sollicita pour que ce jour commémoratif ne se passât pas sans un divertissement analogue à la circonstance du jour et au renouvellement de l'année de notre liberté, que nous avons acquise avec tant de succès. Il obtint enfin le consentement de la Municipalité, qui y contribua pour 600 liv., et il fit les frais du surplus pour l'embellissement. Le terrein fut artistement décoré ; des arbres placés avec symmétrie rendoient la platte-forme et les fossés des plus

DISCOURS

Prononcé par J. L. TALLIEN, Fondateur et Président de la Société Fraternelle des Patriotes de l'un et l'autre sexe, séante aux Minimes, Place-Royale.

CITOYENS, FRÈRES ET AMIS,

NOUS suspendons pour un moment vos chants d'allégresse & vos danses joyeuses au son des refrains patriotiques, pour faire entendre le langage du civisme et les accens de l'homme libre, dans ce lieu n'aguères l'asyle du despotisme.

C'est aujourd'hui, c'est à ce moment même, l'époque du second anniversaire de la conquête de la liberté française.

Braves citoyens, c'est à pareil jour que vos mains généreuses ont renversé cette forteresse formidable !

C'est ici où fut la Bastille.

Avec quel plaisir nous foulons aujourd'hui à nos pieds ces pierres qui servirent pendant si long-tems à renfermer l'homme de génie, l'homme qui avoit eu le courage de tenter

---

champêtres ; différens orchestres étoiènt placés dans ce parc nouvellement planté ; un mât, de quatre-vingt-seize pieds de haut, illuminé en guirlande avec le lustre éclairant le bonnet de la liberté et le drapeau national.

A ij

(4)

d'éclairer ses concitoyens, ou qui s'étoit rendu coupable du crime impardonnable de dire la vérité aux despotes ou à leurs agens !

C'est dans ces cachots dont nous voyons encore les vestiges, que furent renfermés ces écrivains célèbres qui ont préparé & hâté notre révolution.

C'est là où fut renfermé Voltaire ; mais c'est ici où ses restes précieux ont été déposés pour recevoir les honneurs qu'un peuple redevenu libre a senti qu'il étoit de sa justice de rendre à l'homme qui avoit été persécuté par le despotisme et par le fanatisme, dont il avoit sappé les fondemens.

Combien de fois ces pierres retentirent des gémissemens de l'innocent opprimé, du citoyen enlevé à sa famille et à ses affaires !

Si ces lieux recélèrent quelquefois le crime, ce ne fut que pour en soustraire les auteurs au glaive de la loi, & arrêter le cours d'une procédure qui auroit fait tomber les têtes coupables.

C'est à la chûte de ce monument chéri du despotisme qu'est dû le succès de notre révolution ; c'est de cette époque que datera désormais notre ère politique. Le 14 juillet sera de siècle en siècle un jour mémorable. Tous les peuples libres le célébreront, les despotes trembleront à son approche, et les peuples qui gémissent encore dans un honteux esclavage, en se rappelant ce que les Français ont fait en ce jour, apprendront aux tyrans que leur règne est passé, que l'heure de la liberté est sonnée, & qu'il est tems que les droits sacrés & imprescriptibles des hommes soient enfin reconnus dans tout l'univers.

(5)

La liberté ou la mort, tel sera le cri de ralliement de
tous les peuples, qui ne feront bientôt plus qu'une famille
de frères.

Citoyens, hâtons ce moment heureux ; déjà notre constitution, établie sur les bases immuables de la justice et
de l'égalité, s'élève avec majesté. La souveraineté de la
nation est reconnue, toutes les inégalités, toutes les pré-
rogatives, tous les privileges sont anéantis ; il n'y a plus
d'autres distinctions que celles des vertus et des talens.

Tels sont les bienfaits de la révolution. Mais après avoir
conquis la liberté, il faut savoir conserver ce bien précieux.
Si l'insurrection est le plus saint des devoirs pour un peuple
opprimé, l'obéissance à la loi est l'obligation la plus sacrée
d'un peuple libre ; cette obéissance, d'ailleurs, est juste et
raisonnable, puisque la loi est l'expression de la volonté
générale.

Ces armes qui nous ont servi pour la conquête de la
liberté, doivent désormais être employées à protéger l'exécution de la loi, et à défendre les personnes et les pro-
priétés des atteintes que tenteroient de leur porter les ennemis de la tranquillité publique.

Les révolutions doivent s'opérer, il est vrai, au milieu
des orages, mais une constitution ne peut se consolider
qu'au milieu de la paix & de la tranquillité.

Mais j'oublie que je parle à des citoyens qui se sont toujours dévoués pour maintenir l'exécution de la loi, qui,
dans les plus grandes crises, ont toujours été calmes et
ont étonné l'Europe par leur courageuse fermeté. Telle
sera toujours leur conduite, j'en suis le garant.

Je m'empresse donc, au nom de mes frères, au nom

des citoyens qui m'entourent en ce moment, en présence et sous les auspices de l'Etre-Suprême, devant lequel tous les hommes sont égaux, de renouveler le serment qui est déjà gravé dans tous nos cœurs, de vivre libres ou de mourir.

Nota. A ce moment, tous les citoyens & citoyennes qui étoient en très-grand nombre, s'écrièrent : Oui, oui, nous le jurons ! Les chapeaux furent jettés en l'air, des applaudissemens nombreux se firent entendre pendant plusieurs minutes, & ne furent interrompus que par les cris mille fois répétés de *vive la nation* & *ça ira !*

DISCOURS

PRONONCÉ sur les Ruines de la Bastille le 14 Juillet 1791, par M. LETELLIER, auteur des Transparens qui y ont été placés le 18 Juillet 1790.

NATION-juste & sensible, digne de l'admiration et de la vénération de tous les peuples, et de la place distinguée que vous occupez sur le globe, jouissez du plus beau triomphe : ce jour, consacré dans les fastes du monde jusqu'à sa dissolution, fera bénir votre mémoire, prospérer votre postérité, & rendra votre gloire immortelle.

Sur ces ruines entassées, un souvenir bien cher revient à nos esprits ; nous ne nous rappelons qu'avec des transports mêlés de larmes, qu'en ce même lieu, à pareil jour, à pareille heure, des frères, au prix de leur sang, nous ont conquis la liberté ; liberté que jusqu'au dernier soupir, à la face du ciel, nous avons solemnellement promis de conserver, aucun de nous ne sera parjure.

Pour nous pénétrer vivement du bien précieux que nous possédons, portons un œil rapide sur ce que, depuis tant de siècles, nos pères ont souffert sous un gouvernement déprédateur & tyrannique. A cette place, sous ces décombres, des milliers d'hommes, dans le plus cruel dénuement, et dans le désespoir, terminèrent leurs jours infortunés. De leurs gémissemens ces voûtes sans cesse mugissoient ; leurs larmes couloient & se filtroient à travers des pierres, qui, comme flexibles et plus tendres que les cœurs des tyrans, s'en pénétroient.

C'est de ces débris précieux, sous lesquels les plaintifs échos ne répétoient que soupirs, qu'un citoyen, ami des arts, et non moins estimable que généreux, a fait construire les modèles en relief de l'infernal château, qu'il a fait parvenir dans les quatre-vingt-trois départemens (*a*) de cet empire, et dans nos colonies ; quelle leçon un tel présent ne donne-t-il pas aux tyrans !

Et quel sujet de réflexions pour l'ame sensible, qui apperçoit aussi sur ces mêmes pierres, où au fond d'obscurs cachots expirerent tant de victimes innocentes, l'image de l'Hercule Français (*b*) qui terrassa l'hydre des abus, et qui, victime de son amour pour la patrie, l'a couverte de deuil.

Et vous mânes révérés (*c*), à qui elle vient de décerner les honneurs de l'apothéose, vous nous ramenez les beaux jours de la Grèce & de Rome. Ame que l'amour de la patrie embrâsa, que n'êtes-vous présente à ce spectacle touchant ! Ombre illustre ! que ne vous offrez-vous à ceux à qui vos savans écrits ont dessillé les yeux ? Planez sur ces cachots, à qui nous devons un de vos chef-d'œuvres (*d*). Homme cher aux Français, fais luire sur mon ame un de tes rayons, aide-moi à offrir à mes concitoyens une esquisse des tableaux que tu traças avec tant de force et d'énergie !

(*a*) Le patriote Palloy, auteur du mausolée de Mirabeau, placé à Saint-Eustache à ses frais.

(*b*) Mirabeau.

(*c*) Voltaire.

(*d*) La Henriade.

Rétrogradons,

Rétrogradons, et promenons en idée nos regards sur une cour ingrate, qui, par les insinuations perfides d'êtres vils et rampans, qui fascinoient ses yeux, s'est souillée d'injustices et d'horreurs; sur les trônes trop élevés par l'adulation et la bassesse titrée, où l'œil perçant de la philosophie apperçut les vices figurer, et tour à tour, ainsi que les flots, s'agiter, se débusquer, er comme descendre en rumeur inonder les villes, les campagnes, y faire germ r la mauvaise foi, la dépravation, et corromp e ainsi les mœurs. Le crime altier opprimoit la vertu et fouloit le mérite; la prostitution étoit le premier échelon par lequel on parvenoit à la faveur. La corruption envahit jusqu'à l'autel, le cloître fut le repaire du vice et l'abîme où s'engloutissoient les fortunes arrachées par la superstition à nos crédules ancêtres; on ne voyoit qu'orgueilleux muphtis, que fourbes cénobites, que dervis à trogne vermeille, ne prêcher charité, austérité, chasteté, pauvreté, que pour en pratiquer le contraire. Les nœuds les plus sacrés impunément violés, tout étoit sacrifié à l'ambition, à l'intérêt. Les cris de la nature étouffés dans les cœurs, il n'étoit presque plus de pères, de fils, d'épousés ni de maris. L'humble vertu, sans danger, ne pouvoit paroître aux yeux des crimes qui dominoient; le sanctuaire de la justice, réceptacle d'horreurs, n'étoit plus qu'une forêt remplie de brigands, d'animaux féroces et d'insectes vénimeux, sifflans et rampans, où l'homme ne pouvoit plus aborder sans être dépouillé ou dévoré. Un monstre insatiable, gorgé de sang, secondé par une tourbe de scélérats arrachés au gibet, inquisitoit, tourmentoit le citoyen paisible jusques dans son réduit; isolé par la corruption, et redoutant le pouvoir arbitraire,

B

il craignoit jusqu'à son ombre, il n'osoit manifester ses pensées sans s'exposer à être jeté dans cet antre que nous foulons avec horreur. Que de pères de famille, que d'hommes utiles au monde y furent engloutis pour avoir déplu à une prostituée en faveur, à un noble scélérat ou à un abbé, bas courtisan et ministre des plaisirs secrets de prétendus grands !

Les vices de la cour, sortis comme de leur source, souffloient l'égoïsme, submergeoient et envahissoient tout sous ce régime dévorateur, que des tygres altérés de sang regrettent. Des vertus et de l'honneur, on ne connoissoit plus que les noms. L'artiste et l'inventeur rampoient sous l'ignorance, à la merci des sots, dédaignés et par eux si souvent privés du fruit de leurs veilles, ils se voyoient maîtrisés par ceux que la nature n'avoit formés que pour être leurs valets.

Les cultivateurs, ces hommes aussi intéressans qu'utiles, étoient traités par leurs prétendus seigneurs plus durement que des animaux ; à peine trouvoient-ils du pain le plus inférieur qu'ils humectoient de leurs larmes, pour substanter leurs enfans, tandis que leur pur froment nourrissoit des fainéans vicieux, et que le fruit de leur labeur leur étoit impitoyablement arraché pour enrichir des êtres que, pour le bonheur du monde, on auroit dû étouffer en naissant. Classe laborieuse, chez qui la vertu étoit comme reléguée, c'est pourtant à de pareils maux que vous avez soustrait la postérité ! Vous êtes cent fois plus estimables que ces fameux conquérans, tant vantés par l'adulation, et que des plumes mercenaires qualifièrent de héros ; les monstres ! ils n'étoient nés que pour désoler le monde, et vous pour le sauver !

Stupides égoïstes, qui fermez l'oreille aux cris de citoyens pauvres, mais honnêtes, vous détournez les yeux de ceux qui vous surpassent autant en mérite que vous les surpassez en richesses, qui ne feront que rendre votre dernière heure plus affreuse. Vous promîtes, en acceptant de ces braves citoyens les places dont ils vous ont honorés, que vos soins, vos veilles ne seroient consacrés qu'à la chose publique, et vous ne les employez qu'à opprimer des frères et qu'à vous coaliser pour écarter des places ceux que vous êtes indignes d'avoir pour collègues.

Vous pâlissez, perfides; en vain, par des applaudissemens, vous pensez vous déguiser à mes yeux. L'astre radieux de la liberté monte sur notre horison, il influe sur les vertus comme l'esclavage sur les vices. Ses effets naturels sont infaillibles. Frappés de ces grandes vérités, ne formons plus qu'une même famille, rassemblons nous autour de notre mère commune, et témoignons-lui un véritable amour en écartant l'égoïsme, vice qui mina peu à peu les empires les plus florissans, et qui a fini par les anéantir.

Comme ce n'est que par nos forces réunies que nous repousserons les voraces panthères qui cherchent à nous dévorer, ce n'est de même que par l'accord indispensable des cœurs et des volontés que nous ramènerons la félicité dont ce bel empire est susceptible, que nous opérerons sa prospérité, et que nous conserverons le bien inappréciable de la liberté, sans laquelle il n'est point de vraies jouissances.

Vous qui n'en goûtâtes jamais, ignares, indignes du nom d'homme, cessez de pleurer vos prétendues pertes, il n'est nul sacrifice que l'on ne doive faire à la patrie; qui la sert bien trouve sa récompense dans l'action même. Rougissez, lâches, qui n'avez rien fait pour elle. Et vous qui ne devez votre aisance qu'aux rapines et à la dépravation, qu'espérez-vous faire de cet or que vous avez enfoui ? Vous garantiroit-il du naufrage ? Et vous, qui, par l'appât d'un vil gain, ne faites qu'accroître les calamités publiques, tremblez : vous êtes découverts. Envisagez, ingrats, une mère qui vous tend les bras ; redoutez, si vous ne faites un retour sur vous-mêmes, que par une proscription des plus justes vous ne subissiez le sort des enfans dénaturés !

Rapprochons-nous, serrons-nous, bannissons un sot orgueil : sous le régime heureux de la liberté, l'égalité la plus juste et la plus entière peut seule consolider notre bonheur.

L'Europe a les yeux sur vous, elle n'a pas appris sans étonnement que les malheureux que vous dédaignez, et sur qui pèsent tant les calamités publiques, sont ceux qui ont opéré la révolution ; et qu'eux seuls, renfermant des ames sensibles et généreuses, méritent le beau titre de Français.

Sots avares ! il est tant de moyens de servir la patrie, usez au moins de ceux qui sont en votre pouvoir ; rétablissez la confiance, et opérez le bien général en faisant circuler ce métal qui avilit tant l'homme et qui a tant enfanté de crimes. Vous craignez ceux que vous appelez la canaille, qui, dites-vous, jette sans cesse sur vous un œil d'envie. Eh, lâches ! qui ne faites qu'ajouter à leur détresse ; rassurez-vous, j'ai pour garans le courage et les belles actions de nos indigens, loin de les ternir, malgré leur privation. Quoique vous soyez insensibles à leur égard, plus généreux que vous, ils vous protégeroient, vous défendroient contre tout mal intentionné. Jetez donc sur eux un œil de commisération, ne voyez en eux que des frères qui concourent presque seuls à opérer un meilleur ordre de choses, qui fera la joie de votre vieillesse et cimentera le bonheur de vos enfans. Considérez donc ceux que vous devez et que vous pouvez si facilement aider.

Mais, dites-vous, une invasion de troupes étrangères peut m'exposer à perdre mon avoir; il faut que je le mette en réserve, afin d'y recourir au besoin. Insensés! vous n'appercevez pas la main protectrice du Très-Haut étendue sur la France? Vous oubliez ce qu'il a fait pour nous, qu'il nous soutient et nous empêche de tomber dans le précipice que le crime creusa vainement sous nos pas, et que la liberté qu'il nous a rendue est le comble de la faveur? Oui, ce Dieu, tout-puissant qu'il est, ne nous pouvoit faire un plus beau présent.

Quoi! vous ne comptez pas sur la valeur de nos soldats-citoyens et de nos citoyens-soldats, qui courroient tous plutôt à la mort, que de retomber esclaves, et d'être dominés par le crime?

Parisiens, resserrons les tendres nœuds qui nous unissent, profitons des leçons de l'expérience, en environnant d'un rempart d'airain cette liberté tant mêlée d'amertume. Tous les Français reconnoissent vous devoir ce bien inestimable : mettez le sceau à votre gloire. Mes frères! mes amis! je voudrois être entendu de la France entière; protégez la vertu et élevez le mérite, vous anéantirez le vice.

Noirs! s'il en est qui souillent ces grouppes intéressans de leur souffle impur; noirs, en vain vous vous dérobez à l'œil perçant du patriotisme : on a pénétré les secrets replis de vos cœurs abjects et gangrénés. Aux légions des esclaves qui bordent nos frontières , qui tournent autour de nous en remuant leurs chaînes , et dans les mains desquels le fanatisme remet ses armes impies , courez dire que les Français , prêts à leur faire face , prouveront ce que peuvent des hommes libres ; dites-leur : tels les flots écumans assaillissent les rochers et s'y brisent enfin, qu'ainsi les aristocrates , les robinocrates , les calotinocrates , et tous les monstres que l'enfer a vomis , s'écraseront contre le fort de la Constitution ; dites que les cendres des tyrans de nos pères seront jetées au vent , et que ces trophées mensongers , élevés par l'adulation , ainsi que ces monumens de l'orgueil de nos rois vont être détruits ; et que leur métal , ainsi que celui des cloches , servira à faire des canons et force monnoies.

Dites que nos grands propriétaires , qui se sont si mal montrés , sortent de leur engourdissement et qu'ils commencent à craindre que leurs richesses , s'ils n'en font un digne usage , n'opèrent un effet contraire à celui qu'ils s'étoient proposé.

Si les esclaves, égarés, osoient venir pour détruire notre Constitution, liés étroitement , formons un rempart autour de ce sublime édifice ; prenons le glaive d'une main et le marteau de l'autre ; en dépit des immondes qui tournent autour en rugissant , hâtons-nous, pour le bien de l'humanité , d'en faire disparoître les défauts et d'en poser incessamment le majestueux couronnement.

Résolus à périr, s'il le faut , pour la plus belle cause , à la première attaque , vieillards , femmes , enfans , prenez l'épée, le mousquet, veillez tandis que nous irons repousser les perfides et briser le sceptre des tyrans jusques dans leurs mains.

Sexe aimable , qui sur l'homme avez tant de pouvoir ; à vous seul par vos attraits, et encore plus par le charme de vos vertus, sera dorénavant réservé celui de le captiver, d'adoucir et d'épurer ses mœurs ; inspirez-lui de nobles sentimens , vous qui possédez au suprême degré l'art de gagner les cœurs ; que vos amans n'obtiennent sur les vôtres aucun accès , qu'après qu'ils auront bien servi la patrie ; prêts à voler au combat, qu'ils ne reçoivent leurs armes que de vos mains , vous les verrez bientôt revenir victorieux et dignes de vous.

Que la valeur , jointe aux vertus de votre sexe , passe par l'aliment maternel dans les veines de vos enfans ; vous verrez autour de vous croître de vrais héros. Surveillons et assurons-nous des ennemis de l'intérieur ; qu'au premier signal vingt armées volent vers nos frontières ; ajoutons aux articles des droits de l'homme un manifeste traduit dans toutes les langues de l'Europe ; que nos troupes les répandent avec profusion , afin d'éclairer nos voisins qui sont aussi nos frères ; qu'elles marchent, l'olive en main , leur offrir appui et les aider à se faire une Constitution posée sur les bases des droits de l'homme.

L'influence de la liberté , notre nouvel élément, s'étendra sur la surface du globe ; dans son cours elle engloutira diadêmes et tiares ; de leurs postes éminens elle débusquera ces orgueilleux si peu dignes de la pourpre qui les couvre , et si dissemblables à leur humble et sublime insituteur.

Instruits de leurs droits et de leur dignité , les peuples
trop long-tems opprimés , transportés en bénissant le
divin auteur , briseront leurs chaînes , se releveront, pren-
dront une attitude fière , se réuniront sous les drapeaux de
la liberté , et feront rentrer les tyrans dans la poussière.

Français ! suivez vos hautes destinées , la justice habite
au milieu de vous , étendez ses domaines ; les hommes
reconnoissant vous devoir leur félicité et ne formant un
jour qu'un peuple de frères , aux accens de votre nom
glorieux viendront à l'envi dans cette vraie terre promise ,
qui ne sera plus souillée d'injustices et d'horreurs , offrir
un pur encens au Dieu régénérateur qui brisera les fers des
malheureux humains.

C'est ce que souhaite ardemment un des vrais amis de
l'humanité , au nom du Tout-Puissant , de la patrie et de
l'honneur.

HOMMAGE

A L'ASSEMBLÉE NATIONALE.

LE vice est confondu , le mérite respire ;
O France, quel beau jour ! le Despotisme expire :
Ses infames suppôts , sous de nouveaux climats ,
Portent le souffle impur qui souilloit tes Etats,
Pour te laisser jouir des plus brillans spectacles.
Sages LÉGISLATEURS , nos Pères ! vrais Oracles !
Que ne vous doit-on pas ? Vos pénibles travaux
Viennent de faire naître un Peuple de Héros.
Ce jour , dignes Elus , qui vous couvre de gloire ,
D'âge en âge fera bénir votre mémoire.

LOUANGE

AU PEUPLE FRANÇOIS.

HEUREUX Peuple ! à tes vœux le Ciel devient prospère,
Le plus juste des Rois , LOUIS , ton tendre père,
Se montre Citoyen en ce jour solemnel :
Elevons tous nos cœurs, adorons l'Eternel
Qui si visiblement a protégé la France.
Lui seul a d'un Héros dirigé la prudence
Et fait luire à nos yeux ses sublimes vertus;
Pervers, à son aspect vous fûtes abattus :
La Fayette , Bailli , noms chers, termes sublimes,
Au mot de LIBERTÉ devenez synonymes.

Ces deux Bouquets sous transparent trouvés sur les décombres de la Bastille,
le 18 Juillet 1790, deuxième année de la Liberté Françoise, à l'occasion du Bal
donné en réjouissance du travail des Représentans de la Nation, et du Couron-
nement de Louis XVI, proclamé par son Peuple Roi des François , lesquelles
inscriptions ont été envoyées aux 83 Départemens du Royaume , et distribuées
aux Districts , Cantons , Municipalites , Sections et Colonies de l'Empire
François , par Palloy , Patriote.

(18)

ICI A ÉTÉ PRÉSENTÉ
LE CORPS DE HONORÉ-GABRIEL-VICTOR RIQUETTI,
CI-DEVANT COMTE DE MIRABEAU.

ISSU de Père et Mère nobles et opulens,
il pouvoit aspirer aux dignités,
mais son génie supérieur à tout, lui fit mépriser la fortune
et ses grandeurs.
Ce mépris indisposa contre lui sa famille,
ce qui le força de se retirer en Hollande.
Depuis il vint habiter Marseille, où de Comte il se fit Marchand.
Nommé par le Peuple de la ci-devant Sénéchaussée d'Aix,
pour le représenter aux Etats-Généraux,
il fut son défenseur le plus courageux et le plus ardent ;
chaque fois qu'il montoit à la tribune pour y discuter ses intérêts,
il n'y paroissoit qu'avec éclat.
Capable de remplir toutes les places,
on le vit successivement exercer les fonctions d'Orateur du Peuple,
de Président à l'Assemblée Nationale,
de Commandant de Bataillon de l'Armée Parisienne,
d'Administrateur au Département de Paris,
et par-tout il se fit admirer.
Ami de l'égalité,
ce fut lui qui le premier
échangea le titre de Noble avec celui de Citoyen.
Ami de la Liberté,
il apprit aux François à reprendre ce qu'on leur avoit ravi ;
Il fit plus, il leur apprit à le conserver.
Ami de l'ordre,
il défia les factieux jusqu'au tombeau, où l'a précipité une mort prématurée.
La France entière le pleura, célébra ses funérailles, et porta son deuil ;
la Patrie reconnoissante lui décerna la Couronne civique,
et lui donna la première place dans le Monument qu'elle a consacré aux grands Hommes.
Il naquit au Canton d'Egreville, District de Némours,
Département de Seine et Marne, au mois de Mars 1750.
Il mourut à Paris le 2 Avril 1791, l'an deuxième de la Liberté Françoise.
Pour dernier hommage, une main amie a gravé cette Epitaphe
sur une des pierres de la Bastille,
afin de faire servir à la gloire de cet homme immortel
les débris et les ruines du Despotisme qu'il nous a montré à combattre et à vaincre.

Exécuté par PALLOY, Patriote, à ses frais.

PEUPLE LIBRE, PRIEZ DIEU POUR VOTRE LÉGISLATEUR.

Epitaphe de Mirabeau, placée en l'Eglise de Saint-Eustache, le Jeudi 12 Mai 1791, jour auquel les Apôtres de la Liberté de M. Palloy, de retour de leur Mission dans les 83 Départemens du Royaume, ont fait célébrer un Service funèbre à la mémoire de ce grand Homme. La célébration en a été faite par M. l'Abbé Poupard, Curé de ladite Paroisse, et Confesseur du Roi des François.